一を以って之を貫く

――「おはよう納豆」に懸けた人生

山田清繁

目次

一を以って之を貫く――「おはよう納豆」に懸けた人生

■遮二無二走った59年
納豆製造で全国進出……10
■家業を継ぎ法人化
教育熱心だった父母……14
長野の農学校へ進む……17
農作業に身が入らず……20
納豆専業へ一念発起……23
法人化し知名度向上……26
■全国視野に「おはよう納豆」
おはよう納豆が誕生……30

移転を巡り父と激論……32
ヒット商品生まれる……35
ミニ納豆、売れに売れ……38

■大量生産、大量販売
情熱支えに都内営業……42
イトーヨーカ堂納入に成功……45
経済の変調も味方に……48
独自プラントで量産……51
東京と仙台に営業所……54

■総合食品工業への飛躍
覆った納豆業界の定説……58
父の跡を継ぎ社長に……61

ロングラン商品開発……64
納豆菌の開発に着手……67
100以上の自社菌保有……70
納豆発祥の碑を建立……73
原料安定へ海外栽培……76
発酵の国際フェア開催……79

■失敗重ねて突き進む

工場の新設で大誤算……84
会社危機、何とか回避……87
父の死、痛恨の極み……90
空飛ぶ納豆が話題に……93
不発だった「つぶわり」……96

商品開発に常に挑戦……99
五輪食になった納豆……102
飲食業の難しさ実感……105
コンビニシェアNo.1……108

■新たな時代への決断

トップダウン式を変更……112
死の淵から無事生還……115
アメリカに傷心の旅……118
苦労の先にある成功……121

■年　譜

山田清繁とヤマダフーズの歩み……126
ヤマダフーズ　主な市販商品パッケージ……130
あとがきにかえて「納豆は地球を救う」……134

■遮二無二走った59年

納豆製造で全国進出

「ヤマダフーズ」は平成30（2018）年9月で創業65年目に入りました。「おはよう納豆」はいまや県内はもちろん、全国の食卓に並び、親しまれていると思います。始まりは父清助《せいすけ》が起こした「金沢《かねざわ》納豆製造所」です。従業員が母トシ子や近所の主婦ら数人だけの家内工業でした。それを企業化し、従業員550人余り、年商89億円の会社に育てました。製造所を手伝って59年。遮二無二突っ走ってきました。

数々の失敗をしてきました。だからこそ成功を生み出すことができました。社員には常々、「成功するまで頑張れば失敗は失敗でなくなる」と言ってきました。これは自分自身に対する叱咤《しった》激励でもあります。

父とは事あるごとに衝突しました。父は「倹約が美徳」を旨としていました。事業の拡大にはどうしても大型投資が必要で、倹約を美徳とする考えとは相いれなかったのです。

半面、私を支えてくれたのも父です。小さい頃から聞かされてきた口癖「死ぬったってやれ（死ぬ気でやれば道は開けるの意）」は、今でも私の耳に響いています。「好きなようにやってみろ」という姿勢は新たな挑戦を後押ししてくれました。

会社成長の秘訣《ひけつ》は何かとよく聞かれます。地道な営業、独自に構築した大量生産体制、それにヒット商品の開発の三つが大事といつも話しています。販路を広げつつ、製造工程を常時見直して効率化を図りながら、ヒット商品の市場導入で売り上げを伸ばしてきたのです。

同族経営の中小企業だったことも幸いしていま
す。方向性さえ間違っていない限り、トップダウン

ヤマダフーズ経営計画策定会議であいさつ＝美郷町の本社

式に物事を決め、迅速に組織を動かせば、好結果を得られる場合が多いからです。逆に結果が思わしくなければ、すぐその事業から撤退、痛手を最小限に抑えられます。

家業を継ぎ法人化

教育熱心だった父母

太平洋戦争が始まる前年の昭和15（1940）年9月27日、金沢町《かねざわ》（現美郷町）で父清助《せいすけ》と母トシ子の長男として生まれました。上に姉が2人、下に弟が2人と、5人きょうだいのちょうど真ん中でした。

うちは農家で、私が生まれた時、田畑は10町歩（約10ヘクタール）ほどありました。住み込みの若勢《わかぜ》も何人かいました。大地主ではありませんでしたが、山田家の本家で、祖父清一も父清助も、石神《いしがみ》という集落のリーダー的な存在でした。

明治期には祖父が中心となって、農業用の共同貯水池を造ったと聞いています。この貯水池は楕円《だえん》形で長い方の直径は80メートルほどあります。夏には子供の水遊び場になりました。

祖父は集落で使う会館も建てました。1階が「もみすり」など行う共同作業場、2階が集会所でした。出征する人がいると、みんなで集会所に集まり、壮行会を開いたのを子供心に覚えています。建物は変わりましたが、今も「石神会館」として残っています。父は旧制横手中学校（現横手高校）、母は横手高等女学校（現横手城南高校）を出ています。当時、旧制中学や高等女学校に進む人はあまりいませんでした。父母とも教育にはとても熱心でした。

私は金沢小、金沢中、横手高校と進みますが、中学校から高校にかけてのことです。住職が高校の国語教師をしている自宅近くの善巧寺《ぜんぎょうじ》に勉強を習いに行かされました。マンツーマンの補習授業で、母が頼んだようです。友達が貯水池に水遊びに行っても、私だけお寺に行かなければならず、恨めしい気持ちでいっぱいでした。

大学は東京農業大学に進学したいと

昭和19年、4歳のころ。
出征し満州にいた父に送った写真

思っていました。農家を継ぎたくはなかったのですが、長男として継がなければならないことは分かっていました。継ぐ前に大学の4年間ぐらい遊びたかったのです。でも父の一言で進路が一変してしまいました。

長野の農学校へ進む

横手高校を卒業する昭和33（1958）年、農業指導者を養成する「八ケ岳経営伝習中央農場」（長野県、現八ケ岳中央農業実践大学校）に行けと、父清助《せいすけ》に言われました。父の命令は絶対という時代でした。

家計が苦しかったのも影響しました。戦後の農地改革で10町歩（約10㌶）ほどあった田んぼの多くを手放さなければなりませんでした。私の上に嫁入り前の姉が2人、下には小中学生の弟が2人いて、何かとお金が入り用でした。伝習中央農場は学費が安く、全寮制でした。私が行きたかった東京農業大学に進ませる余裕などなかったのです。

29年には父が納豆製造を始めていました。住んでいた金沢《かねざわ》町（現美郷町）の名前を取って「金沢納豆製造所」を創業、製造量が1日千個程度の家内工業でした。実は納豆づくりを手掛けたのも、農業だけでは食べていけなかったからです。後に「おはよう納豆」ブランドで広く知られるようになりますが、創業時にはどうにか収入を増やしたいという切羽詰まった事情もあったのです。

東京農大に進学すれば、長男で跡を継ぐはずの私がもう帰ってこないのではないかと、父母は心配していた節もあります。東京行きの願いはあっけなく退けられました。長野へ行き、卒業したら跡を継ぐのは「長男の宿命」と思い定めました。

33年4月に入学した長野の伝習中央農場は、八ケ岳の山麓、諏訪盆地を見下ろす標高約1300㍍の高原にあり、広大な農場を備えていました。2年制で全国各地から学生が集まっていました。大半が農家の跡継ぎでした。1学年60人ほど。1、2年生約120人が寮生活を送っていました。

寮生は交代で炊事当番を務め、朝昼晩とも全員分

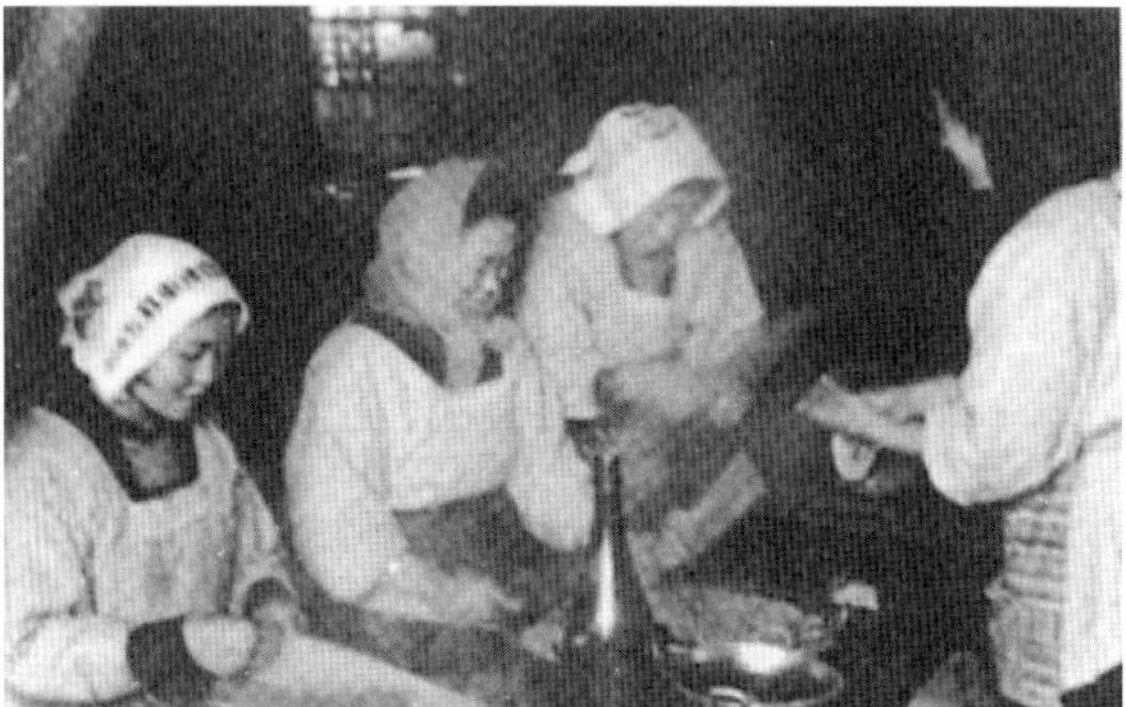

納豆製造を始めた頃。左から2人目が母トシ子

を作りました。食材に困ることはありませんでした。何せ農場は広大でジャガイモ、野菜、牛乳などたくさん取れますから。肉牛、豚、鶏も飼っており、肉類も食べ切れないことがよくありました。

農作業に身が入らず

長野の「八ケ岳経営伝習中央農場」（現八ケ岳中央農業実践大学校）は、校内で七面鳥を放し飼いにしていました。夜、おなかがすくと、10人ぐらいで追い掛けて捕まえ、洗面器で煮て食べました。「七面鳥タックル作戦」と呼んでいました。

いつもではないですよ。どうしても空腹に耐えられなくなると、仲間同士で「やるか（捕まえるか）」となるわけです。もちろん学校には知られないようにです。年に2度ほどあったでしょうか。

寮生が2人一組でおやつの買い出しに行くことがありました。実習用の農場があるため、野菜も牛乳も肉も豊富にありますが、菓子類は買わなければなりません。伝習中央農場は八ケ岳山麓にあります。町部から離れているため、未舗装の道をがたがた揺られながら、バスで40～50分かけて定期的に出掛けることになっていたのです。

当時は「かりんとう」がごちそうでしてね。大量に買い込んで、袋に小分けして食堂に置いておきます。1袋いくらと決め、寮生はお金を缶なんかに入れて食べます。無人販売でしたが、代金をごまかす寮生なんかいませんでした。あのかりんとうの甘さは今でも忘れられません。

寮で2年間、寝食を共にすると、仲間意識が極めて強くなります。昭和35（1960）年3月、伝習中央農場の第21期生として卒業した後も、付き合いの続いている仲間が全国各地にたくさんいます。平成29（2017）年は同期生ら14人を「大曲の花火」に招きました。花火も喜んでもらいましたが、何より思い出話が尽きませんでした。30年10月には農場（現大学校）

当時はまだ珍しかったトラクターの実習＝昭和33年、伝習中央農場

創立80周年記念事業の一つとして、長野で講演しました。

昭和35年4月、農場を卒業後すぐ、父清助《せいすけ》の言いつけ通り実家に戻りました。農家を継ぐはずが、肝心の農作業にさっぱり身が入りません。3年後、その後の人生を決定づける決心をすることになります。

納豆専業へ一念発起

昭和35（1960）年春、長野から仙南村（旧金沢町《かねざわ》）の実家に帰郷してから、午前中は納豆の配達、午後から農作業という日々を送っていました。3年ほどたち、水田から水が漏れないようにあぜを泥で塗り固める「あぜ塗り」をしている時でした。俺はこんなことをやって一生を終わるのか、という思いにとらわれたのです。

父清助《せいすけ》は集落でいち早く耕運機を導入していましたが、あぜ塗りを含めて農作業の大半はまだ手で行うことが多く、大変つらい作業でした。

「働き一両、考え五両」といいます。田はどんなに頑張ってもコメが10ア︎ール当たり10俵（600キロ）取れるかどうかです。これに対して商売は、やり方によっては無限の可能性があると気付きました。農業をやめて納豆製造業に懸けると父に宣言。それまでの家内工業から企業化による大量生産を目指すと心に決めました。次の日から午前中の配達に続き、午後から営業回りを始めました。

29年創業の「金沢納豆製造所」は納豆製造・販売では後発でした。勘と経験に基づく納豆づくりでは失敗することもあり、製造技術を高める必要がありました。一方、納豆は販売エリアが限られた「地域食品」でした。例えば県南では「湯沢納豆」「横手納豆」などと商品名に地名が付き、販売範囲も市町村内でした。うちも創業時の町名が金沢町だったことから製造所名に「金沢」を入れています。

県内の納豆業界では他市町村への営業自体、行われていませんでした。しかも私に営業のノウハウがあるわけではありません。「犬も歩けば棒に当たる」とばかり、思いつくところから

納豆配達をオートバイからトラックへ切り替え。右がその第1号車＝昭和36年

飛び込み営業をして回りました。

その際、私を支えてくれたのは、小さい頃から父から聞かされてきた口癖「死ぬったってやれ」です。「死ぬ気でやれば、道は開ける」という意味で、後にヤマダフーズのスピリットになります。

法人化し知名度向上

最初は「犬も歩けば棒に当たる」式だった営業も、徐々に三つのルートに絞られていきました。「青果卸業者」「豆腐製造業者」、それに少しずつ増えてきていた「スーパーマーケット」です。

大曲市、横手市、湯沢市には青果市場があり、卸業者が集まっています。その業者に売り込み、町中の八百屋に卸してもらったのです。他市町村への売り込み自体、珍しかったこともあったからでしょう。引き合いが増え、１卸業者に1日、１００グラム入りの納豆が30個入った箱を１００箱、２００箱と納入する場合も出てくるようになりました。

県南の豆腐製造業者も一軒一軒回って歩きました。豆腐を販売するついでに納豆を売ればマージンが入るため、大半は販売を引き受けてくれました。豆腐業界も納豆と同様、販売テリトリーが決まっていて「すみ分け」しており、豆腐業者へ卸せば、その地域のほぼ全域へ販路を広げることができました。

スーパーは大量納入が見込める小売店です。出店情報が入れば、直接営業に出掛け、納入業者として入り込めるように頑張りました。

販路が広がり、製造・販売量が増えるにつれ、不都合な場面に遭遇することがちょくちょく出てきました。営業で「仙南村の金沢《かねざわ》納豆製造所です」とあいさつしても「聞いたことないな」などと言われることが増えてきたのです。

いい納豆をつくっているだけでは駄目だ、知名度を高めるには「格」が必要と考え、法人化することにしました。昭和43（1968）年3月、「羽後食品工業株式会社」に組織替え。父清助《せいすけ》が社長、私が専務、秋田経済大学（現ノースアジア大）の

土木用ベルトコンベヤーを改良し、流れ作業にすることで納豆を増産＝昭和30年代半ば

1期生として卒業したばかりの一番下の弟幸男《ゆきお》を常務としました。社名はその頃、既に名前の知られていた「羽後銀行」や「羽後交通」を参考にさせてもらいました。

■全国視野に「おはよう納豆」

おはよう納豆が誕生

私が帰郷した昭和35（1960）年、家業の「金沢《かねざわ》納豆製造所」の製造・販売量は、100グラム入り納豆が1日千個程度でした。「羽後食品工業株式会社」になる43年には、10倍の1万個へと増えていました。土木建設用のベルトコンベヤーを改良、流れ作業にすることで増産に対応。「羽後食品工業」になってからは独自に設計した製造工程で大量生産を可能にしました。

納豆の包装は当初、木材を紙のように薄くした経木《きょうぎ》で、形も三角形でした。羽後食品に組織替え後、紙にフィルムをラミネート加工した四角い容器に変更。この容器は納豆はもちろん、水も漏れない画期的な製品で、いち早く取り入れました。

羽後食品になって2年後の45年、わが社で最大と言っていい出来事がありました。「おはよう納豆」ブランドの誕生です。

製造元は「羽後食品工業」に変わりましたが、商品名は「金沢納豆」でした。全国に通用するいいネーミングはないかと思案。秋田市のデザイン会社に依頼して、「おはよう」とおばこ娘を組み合わせたデザインが出来上がりました。

ところが調べてみると、東京の食品会社が「おはよう」という納豆名の商標登録をしていました。ただ、実際にその名前の納豆を製造・販売しているわけではありませんでした。自ら上京、会社にお願いし、１００万円で商標権を譲ってもらいました。このブランド化は企業の個性化や独自化を図る「コーポレートアイデンティティー」の先取りだったと思っています。

納豆包装の移り変わり。創業時の三角形包装、紙にフィルムをラミネート加工した四角い容器、おはよう納豆の初代ラベル

移転を巡り父と激論

納豆の名前には従来、「大館納豆」とか「横手納豆」というふうに地名が付くのが一般的でした。昭和46（1971）年から売り出した「おはよう納豆」は地名を付けないことで「地域食品」を抜け出し、全県、全国へと販路を拡大する足掛かりとなりました。テレビコマーシャルを流して大々的なPRに打って出たのも、「おはよう納豆」の特徴でした。昭和40年代半ばになると、白黒テレビと交代するかのように、カラーテレビが急速に普及してきていました。食卓に並べられる納豆の購入をお茶の間のテレビを通じて直接、消費者に訴えた格好になります。

46年にはもう一つ大きな事業が待ち受けていました。本社・工場の移転です。納豆製造の創業地で本社・工場があったのは国道13号から東側に車で10分ほど入った所で、冬は雪で閉ざされます。午前中は雪寄せで終わり、納豆の配達は昼すぎからということもざらにありました。

注文された量を定時に届けてこその商売です。製造・販売量の増加で工場が手狭になってきたこともありましたが、商売には地の利というものがあり、交通の便のいい国道13号沿いへの移転が急務でした。

ところが「羽後食品工業株式会社」の社長で父の清助《せいすけ》が頑として首を縦に振りません。「倹約が美徳」の父にすれば、借金を背負ってまで移転する必要はないというわけです。私は移転しないなら跡を継がないとまで言ってしまいました。こたつに入り、半ばけんかしながら、議論しました。

結局、父が折れ、融資申し込みのため、秋田銀行六郷（現美郷）支店を訪れました。申込額は

国道13号沿いに移転した本社・工場。資金が足りず、工場前は未舗装＝昭和46年秋

3700万円、自己資金1千万円を加えた4700万円が移転事業費の総額でした。父は融資はどうせ断られる、断られれば息子が移転を諦めるだろうと踏んでいたようです。しかし、銀行の決定は父の思惑とは全く違っていました。

ヒット商品生まれる

「羽後食品工業株式会社」の移転事業計画書は銀行審査をあっさり通り、融資が決まりました。これからは息子さんのような若手が積極的に事業を展開する時代になるので頑張ってほしいと逆に励まされました。融資を断られると踏んでいた父清助《せいすけ》にすれば大誤算でした。昭和46（1971）年10月、融資3700万円に自己資金1千万円を足した4700万円で、国道13号沿いに広さ680平方㍍の工場を新設、本社も移しました。

新工場の国道寄りに、前の年の45年に商標登録していた「おはよう納豆」の広告塔を設置しました。建物は変わりましたが、ここに現在も本社・工場があります。住所でいえば美郷町野荒町《のあらまち》です。

父の腹の虫は翌年になっても治まりませんでした。借金したことがよほど気に入らなかったのでしょう。47年元日早々、銀行の借用書を私に放り投げてよこして、「おまえが返していけ」と怒鳴られました。

移転前の製造量は１００グラム入り納豆が1万個ほどでした。新工場では倍の2万個体制へと製造ラインを整えました。営業も県南中心から、秋田市、県北、さらに由利本荘方面と全県下へ広げていきました。

秋田市は県都であり、一大消費地です。移転前から時々、営業に行っていましたが、移転後に本格化させました。国道13号がまだ未舗装でしてね。土ぼこりが舞い上がり、前が見えなくなることもしょっちゅうありました。秋田市に入ると、片側2車線、しかも舗装されていて「都会だぁー」と妙に感激したのを覚えています。

国道13号沿いに移転して立てた「おはよう納豆」の広告塔

前々から秋田市に行っていたのは、陸上自衛隊秋田駐屯地でたまに納豆納入の入札があったからです。1回千個ほどの大口納入でした。ある日、配達に行くと、部隊が急きょ、移動したので要らないと言われました。目の前が真っ暗になりました。でもこのアクシデントが後にヒット商品を生み出すことになります。

ミニ納豆、売れに売れ

陸上自衛隊秋田駐屯地に納入していた納豆は、当時一般的だった１００㌘入りではなく、半分の50㌘入りでした。隊員１人が１回に食べ切ることのできる量という要望に沿っています。

部隊の急な移動で不要となり、途方に暮れて秋田駅前まで戻ってきた時です。スーパーの「ト一屋」が目に入りました。駄目もとで飛び込んだら、店長が売ってくれると言います。その日の夕方に、また持ってきてくれと注文の連絡が入りました。半分サイズが好評で売り切れたというのです。

これをきっかけに生まれたのが、50㌘と量が半分の「ミニ納豆」です。当時、ミニスカートがはやっていたことから、名付けました。自衛隊納入品は発泡スチロール製の容器に納豆を入れただけ。これにラベルを付け、発売したところ、飛ぶように売れました。アクシデントが成功につながったばかりか、消費者が少量パックを求めていることにも気付かせてくれました。

本社・工場が国道13号沿いに移転した昭和46（1971）年前後には、もう一つヒット商品が生まれています。わらで包装した「ロケット納豆」という製品です。その頃、全国的に名の知られていた「水戸納豆」がわら包装で東北へ進出、秋田にも随分入ってきていました。対抗する必要がありました。

1人で乗用車を走らせ、水戸納豆の本場・茨城県に包装用わらを探しに行きました。作っているところをどうにか探し当て、包装用わらを車いっぱいに積み込んで帰ってきました。

当時、冷蔵施設や冷蔵トラックは普及が進まず、茨城から運ばれてくる水戸納豆は鮮度が

売れに売れたミニ納豆のラベル

落ちる傾向にありました。仙南村（現美郷町）で製造し、すぐ配達できるロケット納豆はその心配がありません。お客さんも鮮度や味の違いが分かってくれたのでしょう。売れ行きが水戸納豆を上回るようになりました。

「ミニ納豆」と「ロケット納豆」は移転前後の会社を飛躍させる原動力になりました。

■大量生産、大量販売

情熱支えに都内営業

昭和40年代のことでした。稲刈りが終わると、翌年の春まで納豆の売り上げががくっと落ちることに気が付きました。

身の回りを見ると、出稼ぎに行く人が多くいます。私が生まれ育った仙南村（現美郷町）の「石神《いしがみ》集落」は大半が農家で、農家の男たちは100％季節労働者として首都圏を中心に出掛けていました。残った家族は、父さんが働きに出ているのだからと節約を心掛け、納豆購入を控える傾向もありました。これが売り上げ減の要因、というのが私なりの見立てでした。

〈県によると、県内の出稼ぎ者数は昭和30年代後半から増え始め、46（1971）年度に7万3028人とピークを迎えた。その後は漸減。61年度に3万人、平成10（1998）年度に1万人をそれぞれ下回った。29年度は354人〉

納豆を買ってくれる人が大挙して東京へ行くのなら、いっそこっちが東京に進出して売ってやろう。単純極まりない話ですが、これが東京へ販路を広げる元々の発想でした。もちろん納豆の製造・販売は昭和46年、国道13号沿いに本社・工場を移転し、販売エリアを全県、さらには全国へ広げる時期に入ろうとしていました。

43年に入社し、当時営業担当だった山田清勝専務と寝台特急「あけぼの」で上京。東京なんかろくに知りません。納豆を入れたクールバッグを肩に担ぎ、電車を乗り継ぎ、飛び込みで営業して回りました。

上野駅近くに「大曲仙北広域福祉センター」という割安な宿泊施設を見つけ、そこを定宿にしました。大曲市と仙北郡の町村が上京者に便宜を図

創業地にあった本社事務所（右）と工場。平成24年に取り壊した＝美郷町

ろうと、共同で運営していました。小さな冷蔵庫を買い、部屋の押し入れに隠して、納豆を日持ちさせ、滞在日数を延ばす工夫をしたこともあります。乗用車を購入し、それで回ったこともありますが、都内は電車の方が便利でした。燃えるような情熱だけが私たちの支えでした。

イトーヨーカ堂納入に成功

飛び込み営業で東京都内を走り回る一方、スーパーの大手「イトーヨーカ堂」には昭和49（1974）年、大曲市（現大仙市）出身で財務部門の責任者だった方を親戚から紹介してもらい、本社を訪ねました。アポイントメント（面会の約束）を取ってからでないと会えない、ということを知ったのも東京で営業を始めてからです。

当初、ヨーカ堂から、ひき割り納豆は「くず豆」でつくっているのではないかと言われました。当時、首都圏で流通しているのは「粒納豆」で、ひき割りはなかったのです。豆の皮をむき、割ってあるので食べやすく、歯の悪いお年寄りや子供でも消化吸収がいいと懸命にアピール。どうにか扱ってもらうことになりました。

初めは全く売れませんでした。考えた揚げ句、かすりの着物にもんぺ、姉さんかぶりのおばこ娘を販売員として頼み、秋田民謡を流しながら「寄ってたんせ。ひき割り納豆だすよ。食べてみてけれ」などと秋田弁でセールストークしました。

地道な取り組みが実ったのでしょう。少しずつ販売量が増えてきました。冷蔵トラックを導入したのもヨーカ堂に納入するようになってからです。「2次発酵」といって、夏場など一定の温度以上になると、輸送中にもう一回発酵が起きて臭みが出たり、味が劣化したりすることがあるのです。これを防ぐため、1台750万円の冷蔵トラックを2台、大枚1500万円をはたいて購入しました。

当時、納豆業界で冷蔵トラックはまだ珍しく、「羽後食品工業株式会社」の社長で父の清助《せいすけ》は「また借金か。いよいよ会社がつぶれる」と嘆いていたのをよく覚えています。

ただ最初、トラックは東京への納入分だけでは満

大金をはたいて導入した冷蔵トラック

載になりませんでした。採算性を上げるため、東京へ行く途中の山形県の新庄市や天童市、山形市、さらに福島市などの青果卸売市場にも営業をかけ、できるだけ運ぶ量を増やすようにしました。

経済の変調も味方に

昭和48（1973）年秋、オイルショックが起きました。原油の需給が逼迫《ひっぱく》し、価格も高騰。日本を含めて世界の経済が混乱した出来事です。嫌な予感がしていました。新聞やテレビなどの報道を詳しく見ていると、何やら経済がおかしな動きをしそうだったのです。

当時、納豆業界では、使う分の乾燥大豆を月ごとに仕入れるのが普通でした。「羽後食品工業株式会社」では1日2トン、月に60トンほど使用していましたから、月に60トンの大豆を仕入れ、ストックしていました。これを6カ月先の分まで買い付けました。経済の変調で大豆が値上がるような気がしたのです。納豆を入れる容器や包装フィルム、段ボールなど納豆づくりに必要な資材も、できるだけ先の分まで仕入れるようにしました。

勘は当たりました。納豆用の乾燥大豆は1俵（60キロ）当たり3600円だったと記憶しています。それが3割強アップの4800円まで高騰したのです。トンに換算すると6万円から8万円に跳ね上がり、ひと月当たり120万円、半年分ですから720万円安く仕入れることができました。資材も事前仕入れ分があり、価格高騰の影響を受けずに済みました。

オイルショックという言葉通り、世の中が混乱しており、納豆価格の引き上げを容認してもらいました。100グラム入りで従来40円だった小売価格を50円に上げることができました。しかも経済が変調を来したからといって、納豆の販売量が落ちるということもありませんでした。

幸運も重なり「羽後食品工業」は売り上げも

オイルショックでトイレットペーパーも売り切れ＝昭和48年11月、東京

利益も大幅に増やすことができました。46年秋には本社・工場を国道13号沿いに移転するため、3700万円を銀行から借り入れ、56年までの10年間で返済する予定でした。オイルショックに伴う増収増益によって、ショック後の3年間で全額を繰り上げ返済することができました。

独自プラントで量産

納豆製造は原料の大豆をよく洗い、水を吸収させる「浸漬《しんせき》」から始めます。浸漬した大豆を釜で「蒸煮《じょうしゃ》」、豆が冷めないうちに納豆菌を接種し、容器に盛り込み、ふたをします。その後、発酵・熟成して完成。冷却してから、包装して出荷します。

主立った工程は各納豆メーカーともそう違いませんが、どの程度自動化し、どう量産化するかは各社で異なります。納豆プラント（大型生産設備）は、納豆が日本独特の食べ物であるため、全てメード・イン・ジャパンです。しかも各社ごと工程に独自の工夫を加えています。

昭和50（1975）年、「羽後食品工業株式会社」は、製造工程をがらりと変えたプラントを建設しました。従来は平屋の工場で水平の流れ作業をしていました。新しいプラントは3階建てにして、3階は浸漬、2階は蒸煮、1階は盛り込みや発酵・熟成などと、垂直方向の流れ作業に変更したのです。垂直方式は水平より豆や納豆の移動距離が短くて済み、作業効率がアップします。

　このプラントの基本設計は私が考え、プラント会社に詳細設計を依頼しました。垂直方式は当時、納豆業界初で大変珍しく、同業者が多数見学に訪れるなど話題になりました。

　21年後の平成8（1996）年には、全国的に知られる「水戸納豆」の本場・茨城県に乗り込み、茨城工場を建てます。全長166メートルの水平なストレートラインにして、省力化、効率化、合理化を徹底追求しました。ほとんどの製造工程を自動化し、中央制御室で集中管理しています。後に日本経済新聞社の「優秀先端事業所賞」を受賞しました。

　当時、仙南村（現美郷町）の本社・工場から首都

最新鋭の茨城工場は敷地を公園にしたファクトリーパーク（工場公園）設計

圏まで納豆をトラック輸送するのに、12時間前後かかっていました。茨城工場の稼働によって、約2時間で関東全域をカバーできるようになり、流通面でも大きなメリットがありました。

東京と仙台に営業所

昭和50（1975）年、仙南村（現美郷町）の本社・工場に3階建ての納豆製造工場を新設し、生産能力を高めたのに続き、翌51年には営業面でも強化を図りました。東京営業所を足立区鹿浜《しかはま》という所に設けたのです。東京にはそれまで、仙南村から上京し、営業をしていましたが、営業所設置により、日本最大の消費地である首都圏の販売拠点を得たことになります。

鉄骨モルタル2階建てで、床面積は240平方メートルほどありました。1階を事務所兼倉庫、2階を寮とし、営業所員に加え、社員が本社から出張した場合も、寝泊まりできるようにしました。土地を含めた購入費は約6千万円。大型投資でした。

営業の起点となっただけではありません。本社・工場から首都圏に納豆を輸送する大型トラックが営業所前に到着。そこで2トントラックに積み替えて、神奈川県や都内、千葉県などへと配送しました。物流センター的な役割も果たしたのです。東京営業所は建て替えや拡張を繰り返し、今も同じ所にあります。

54年には仙台市に営業所を設置しました。首都圏に次いで東北一円に販路を広げるためです。東京に進出できたのだから、仙台も大丈夫だろうと甘く見ていました。それがいけなかったのか、思わぬことが起きました。仙台営業所の販売量がある程度伸びたころ、当時営業担当だった山田清勝専務が宮城県の納豆業者の会合に呼び出されたのです。

「おはよう納豆」が宮城に進出してきて以来、地元業者の売り上げが落ち、従業員を減らさなければならないところも出てきた、どうしてくれるのだ、といった話でした。

うちは安売りは決してしません。商品を豊富にそろ

首都圏販売の拠点となった東京営業所＝昭和51年

え、正々堂々と宮城という市場に乗り込んだのです。公平・公正な競争で消費者はもちろん、スーパーや卸売業者らの支持を得て、製造・販売量を増やしてきたと自負しています。

■総合食品工業への飛躍

覆った納豆業界の定説

お茶漬けで知られる大手食品メーカーから昭和52（1977）年、インスタント「納豆汁」を作りたいので、「ひき割り納豆」を納入してくれないかという注文が舞い込みました。

「粒納豆」をフリーズドライ（冷凍乾燥）したのでは、お湯を入れた時の復元性があまりよくなく、このメーカーはひき割りによる製品化を目指していました。ひき割り納豆の製造・販売では当時、全国トップクラスだった「おはよう納豆」の羽後食品工業株式会社に白羽の矢が立ったようです。

全く予想外のことが起きました。当時、納豆業界の定説では、納豆菌は非常に強く、ほかの雑菌を殺すとされていました。ところがこのメーカーに納めたひき割り納豆から、雑菌が検出されたというのです。その頃、このメーカーは大手として製品や原料を科学的に分析する体制を整えており、納豆業界の常識を覆したことになります。

メーカーの協力を得て、雑菌が入り込む原因の究明とそれを解決する納豆製造法の確立を急ぎました。メーカーの研究者と仙南村（現美郷町）の本社・工場に泊まり込んで研究に没頭。何カ月もかけて温度管理による解決法を見つけ出しました。

このメーカーとの業務提携は二つの意味を持っていました。まず、納豆や原材料の科学的分析や科学に裏付けられた製造法の必要性を痛感させられました。当時、同じ発酵食品でもみそやしょうゆの科学的研究は進んでいましたが、納豆はまだ不十分でした。この経験は後にわが社独自の「食品開発研究所」の設立につながっていきます。

業務用納豆の製造風景。この分野では業界シェアナンバーワン

もう一つは、このメーカーとの取引が大きな利益を生んだことです。当時の額で月に1千万円を超える増収となり、工場の施設整備が進んだほか、「おはよう納豆」ブランドの知名度をさらに高め、会社発展に資することになりました。このメーカーへの納豆納入は途切れることなく、今も続いています。

父の跡を継ぎ社長に

昭和57（1982）年6月、41歳の時、父清助《せいすけ》の跡を継いで「羽後食品工業株式会社」の社長に就きました。父は会長になり、専務だった私の後任には私の一番下の弟で常務の幸男《ゆきお》が昇格しました。

父が創業した個人経営の「金沢《かねざわ》納豆製造所」を「羽後食品工業」に法人化してから14年、専務の私が会社を実質切り盛りしてきました。だからでしょうか。社長を交代する際、特に何があったわけではありません。強いて言えば、社長退任の57年6月は、父が古希（70歳）を迎える直前でした。古希を節目と考えていたのかもしれません。

父は私の大型投資を心配する以外には、経営にはほとんど口出ししませんでした。ただ、地域のリーダーとして非常に人望が厚く、仙南村商工会の会長や秋田、山形両県ライオンズクラブのガバナーなどとして社会的にも高い信用を得ていました。

父にそうした人望や信用があったからこそ、私はその長男として思う存分、活動できたのかもしれません。私自身、平成25（2013）年、72歳で長男の伸祐《しんすけ》に社長を譲り、会長になってみて、改めて父清助は、目に見えない形で私を支えてくれていたのだという感慨を強くしています。

私が社長になって4年後の昭和61年には、社名を現在の「株式会社ヤマダフーズ」に改め、「太陽の赤」と「大地の緑」をモチーフにしたロゴマークを作成しました。コーポレートステートメント（企業理念）として「自然の恵みを科学する」を掲げました。

「羽後《うご》食品工業」は県内ならともかく、全国では「はご」と読まれるケースが増えてき

社長に就任した昭和57年には常陸宮ご夫妻の本社訪問もあった

ていました。既に全国ブランドとなっていた商品名の「おはよう納豆」を新たな社名にする手もありました。でも私には内々、考えていることがありました。「納豆製造業」から「総合食品工業」への飛躍です。それがヤマダフーズという新社名を決断させました。

ロングラン商品開発

社長に就任後、社名を「株式会社ヤマダフーズ」に改めるまでの間に、忘れられない商品が生まれました。昭和59（1984）年、創業30周年を記念して出した「ファミリー納豆」です。食べ切りサイズで家族みんなで食べられる新製品をつくろうというのがコンセプトでした。

1個30グラム入りの丸いパックを四角に4個並べました。当時、横一列に並べたり、縦に積み上げる商品はありましたが、平面の四角形にしたのは業界で初めて。目新しさと持ち運びのよさが受けたと思います。

パック4個に小さな袋入りのからし2袋、小魚粉末2袋を付けました。からしは大人用、小魚粉末は骨を強くしてもらいたいという願いを込め、子供用としました。たれは袋入りだと破るときにこぼす恐れがあることから、ミニボトルに入れました。ボトル入りのたれも従来はなかったものです。

パックのシールぶたをはがすと、納豆を覆っている薄い被膜も一緒に取れてくるように工夫しました。

一手間省けるだけではありません。ホテルでサラリーマンらが朝食を取る際、手はもちろん、スーツを汚さずに済むようになったと好評でした。食べ切りサイズでもあることから、東京のホテルから業務用の引き合いが多くありました。

製造工程は全てオートメーション化しました。ただ、全自動化するまで随分苦労しました。縦横2センチ程度のミニボトルにたれをどう入れるか、パック4個を四角に並べるにはどうすればいいのか。手では簡単な作業も機械で自動化するの

商品見本が並ぶショーウインドーの前で＝美郷町の本社

は、そう容易ではありません。異業種交流で知り合った大館市の「戸田鉄工」の協力には、今も感謝しています。

ファミリー納豆は発売以来、30年以上たっても人気の衰えない超ロングセラー製品です。つくり手である私らヤマダフーズからすれば、「知恵と労力と投資の結晶」です。

納豆菌の開発に着手

昭和61（1986）年、「株式会社ヤマダフーズ」に社名を変更して間もなく、「食品開発研究所」を開設しました。仙南村（現美郷町）の創業地にあった旧本社事務所と工場の建物を利用しました。

当初、私が考えていたのは「脱納豆」ということでした。納豆の製造・販売はおおむね順調で、売り上げも伸びていました。しかし、コメ離れが進めば、納豆の消費量は落ちていきます。当時、秋田県の人口は減少し始めており、納豆ばかりか物やサービスの消費自体、パイが小さくなりそうでした。納豆以外の新商品を開発しておかないと、先行きに暗雲が垂れ込めかねないと判断したのです。

納豆に代わる新商品がなかなか見つからない中、この年、幸運な出来事が起きました。納豆には血栓を溶かす酵素「ナットウキナーゼ」が含まれているという研究が学会で発表され、大きな話題となったのです。健康志向の風潮と相まって納豆が見直され、ヤマダフーズにとっても追い風となりました。

一方、納豆製造に必要不可欠な納豆菌を供給しているのは、国内の3社だけでした。ヤマダフーズを含めて全国の納豆メーカーはどこであれ、その3社の納豆菌を購入して製造していました。今後は自社で納豆菌を開発しないと、他社と製品の差別化は図れません。3社が衰退すれば、納豆菌をどう確保するかという問題も起きてきます。

研究所の方向性が定まりました。わが社独自の納豆菌を開発することにしたのです。研究所開設時に、東京大大学院で博士号を取得した応用微生物学の研究者を所長に招いていました。研究所発足前から食品開発に従事し、製造工程の品質管理

開所して間もなくの食品開発研究所の前で（前列右から2人目）

も担っていた新保《しんぽ》守研究所顧問も大きな戦力でした。ところが納豆菌は一筋縄ではいかない微生物でした。独自菌の開発は文字通り「いばらの道」でした。

100以上の自社菌保有

明治以降、納豆の研究や産業化に関して2人の学者と1人の産業人を挙げることができます。東京大学出の「村松舜祐《しゅんゆう》」は納豆菌の分離・培養に成功し、品質のよい納豆の安定製造法を編み出しました。北海道大学教授の「半沢洵《じゅん》」は、従来のわらに代わる新包装を開発、納豆製造法の確立・普及に努めました。全国納豆工業組合協会・初代会長の「三浦二郎」は、納豆の発酵室《むろ》を改良し、量産化技術に道を開きました。

「株式会社ヤマダフーズ」が「食品開発研究所」を開設した昭和60年代、納豆菌を供給していた国内3社は、大なり小なりこの3人の流れをくんでいました。ただ、うちも含めて納豆業界ではまだ、納豆の科学的研究があまり進んでいませんでした。さらに納豆菌は奥が深く、新種の開発は困難を極めました。

全国の野山から納豆菌が潜んでいそうな枯れ草を採取、新種はないだろうかと分離・培養を試みました。見つけたとしても、性質が変わって糸を引かなかったり、大量生産につながらないようでは役に立ちません。

結局、7年かかりました。「水戸納豆」の本場・茨城県に最新鋭の茨城工場の建設を進めていました。その工場が完成する平成8（1996）年にどうにか間に合いました。最新鋭工場では新種を使った納豆製造も視野に入れていたからです。

現在、100種類以上の自社菌をストックしています。そのうち4種類を使用し製品化しました。5年前まで一部に3社のうち1社の菌を使用していましたが、それも取りやめ、今は全量を自社菌で製造しています。自社菌製品の代表といえば、国産大豆を100％使い、農林水

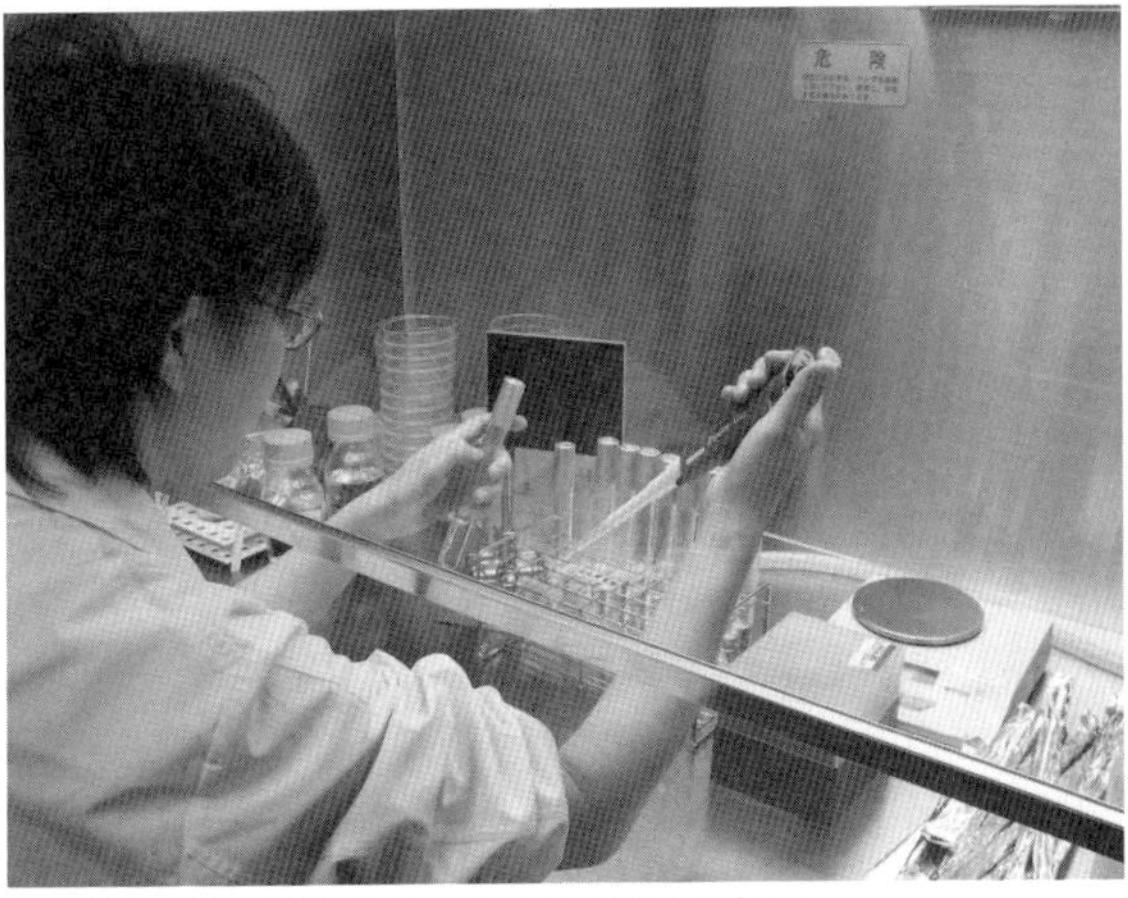

納豆菌の研究を進めている食品開発研究所

産大臣賞を頂いた「ふっくら大粒納豆」になるでしょうか。

納豆メーカーではヤマダフーズがいち早く独自菌の開発を手掛けました。今は大手を中心に競争が熾烈《しれつ》です。どこもトップシークレットで情報は全く非公開です。それは将来も変わることはないでしょう。

納豆発祥の碑を建立

横手市に伝わる納豆の発祥伝説は、今から930年余り前の平安時代後期までさかのぼります。諸説ありますが、いずれの説も横手市を舞台に繰り広げられた「後三年合戦《ごさんねんかっせん》」に関係しています。

〈後三年合戦（1083〜87年）は、北東北で勢力を誇っていた清原氏の内紛が発端。清衡《きよひら》側に源義家が加勢し、家衡《いえひら》、武衡《たけひら》側を打ち破った〉

この合戦で源義家は、農民たちに煮た大豆を差し出させました。馬を含めた軍勢の食料にするためです。農民たちは俵に詰めて供出しました。

俵のわらに納豆菌が付いていたのでしょう。軍勢が俵を馬に載せて運んで数日後、馬の体温で温められた煮大豆が香りを放ち、糸を引くようになりました。恐る恐る食べてみたところ、おいしかったので農民たちは自らつくり、後世に伝えるようになったとされています。

「煮た大豆」と「わらに付いていた納豆菌」の出合いによって糸を引くようになったという説もありますが、私はこの二つに「馬の体温」が加わり、発酵が進み、納豆が誕生したとする説の方が自然だと思っています。

昭和62（1987）年9月、「後三年合戦900年祭」が行われたのを機に、合戦とゆかりのある金沢《かねざわ》公園内に「株式会社ヤマダフーズ」として「納豆発祥の碑」を建てました。そこから車で北へ10分ほど行くと、父清助《せいすけ》がつくった「金沢納豆製造所」の創業地があります。長らく納豆製造を生業《なりわい》としてきた会社として、納豆に感謝の気持ちも込め、モニュメント建立が必要と考えました。

横手市と仙南村（現美郷町）が共催し

清原家衡役でパレード＝昭和62年9月

た「後三年合戦９００年祭」もいい思い出です。清原家衡役を頼まれ、よろいにかぶと姿で馬にまたがり、パレードをしました。

後三年合戦や納豆の発祥伝説、発祥地近くで父が納豆製造所を創業したことなど、悠久の歴史に思いをはせた９００年祭でした。

原料安定へ海外栽培

平成4（1992）年、仙南村（現美郷町）の本社ビルを新築、無人合理化工場も増設して製造・販売体制を拡充する一方、翌5年には納豆の原料である大豆の仕入れに新たな手法を取り入れました。海外で契約栽培を始めたのです。

平成に入ると、製造・販売量が伸び、大豆の仕入れは国内の問屋から集めるだけでは間に合わなくなってきました。必要な量を安定的に確保するには、大規模栽培に適した外国に目を向けるのが妥当と考えました。

最初に契約したのはアメリカ東部バージニア州の農場です。広さ千エーカー（約400ヘクタール）、年間千トンでした。量が多いだけではありません。有機栽培納豆をつくるため、土壌から種子、栽培プロセスまでアメリカの認証機関の厳しい審査を受け、認証を得ました。「株式会社ヤマダフーズ」の製造工程も審査対象で合格しました。こうした取り組みをしてきたからこそ、味に加え、「安全・安心な製品」をお届けできると思っています。

1年後の6年2月、横浜港にバージニア州契約栽培第1号の大豆が到着した時のことは、今でも鮮明に覚えています。最初は「金沢《かねざわ》納豆製造所」という家内工業でした。それが「羽後食品工業株式会社」を経て、ヤマダフーズとして世界を相手にする企業にまで育ったとの思いに胸が熱くなったからです。

契約栽培はミシガン、アイオワ、ミネソタとアメリカの3州へ広げたのに続き、隣国カナダのケベック、オンタリオの2州にも進出。14年以降は中国の黒竜江省と吉林省でも千〜2千ヘクタール単位で契約、さらに今はアメリカのノースダコタ州でも栽培しています。

アメリカの認証機関から認証を得ているとはい

ノースダコタ州の農場で契約栽培農家と（右）＝平成16年

え、大豆の性質や加工特性は産地ごとに違います。水に浸す時間を変えたり、蒸し煮する温度や時間を調節したりと、長年培ってきた製造技術でカバー、最終的に出来上がる製品の品質を均一化したのは言うまでもありません。

発酵の国際フェア開催

納豆は日本独特の食べ物ですが、同じように無塩で大豆を発酵させた食品は世界各地にあります。インドネシアで広く食材として使用される「テンペ」、糸を引かないタイの「トゥアナオ」、シダに付着する枯れ草菌でつくるネパールの「キネマ」などです。

これらを網羅した世界規模のイベントを「納豆発祥の地」とされる秋田で開けないかという話が、東北大や九州大の発酵研究者らから持ち上がりました。

平成6（1994）年、「株式会社ヤマダフーズ」の名前が全国で知られるようになり、私自身、ヤマダフーズの社長に加え、全国納豆協同組合連合会の副会長を務めていた時のことです。私を実行委員長に6月上旬の3日間、秋田市で「国際大豆食品フェア」が開かれました。

フェアは「世界大豆・発酵食文化記念フォーラム」「第3回アジア無塩発酵大豆会議」「国際協力フォーラム」の3部構成でした。講演やディスカッションは、納豆をはじめとする発酵食品の歴史・文化から製造法、健康への効果など多分野にわたりました。世界の大豆料理の紹介や試食会も開かれ、国際色豊かな催しとなりました。

実行委員長としてフェアの運営に忙しくする傍ら、内容として印象深いのは、大豆栽培や大豆加工品づくりのアフリカでの可能性を探った「国際協力フォーラム」です。アフリカではフェア開催当時も今もまだ、飢餓が切実な問題です。

フェアの締めくくりとして「納豆は地球を救う」という宣言を採択、国連に提出しました。21世紀に向けて人口の急増とそれに伴う食糧難が予想されます。動物性タンパク質への依存度を減

「国際大豆食品フェア」のシンポジウムであいさつ＝平成６年、秋田市

らし、環境への負荷の少ない植物性タンパク質を有効活用することが求められます。中でも納豆は栄養的に優れ、原料の大豆も比較的容易に栽培できます。宣言には、その納豆の普及に今後ともまい進していきましょうという狙いを込めました。

カナダ・ケベック州の契約農場で（左）＝平成16年

米国・ノースダコタ州の契約農場にある大型トラクターの前で（右から2人）＝平成16年

■失敗重ねて突き進む

工場の新設で大誤算

首都圏に納豆を売り込むにつれ、全国的に名前が知られている「水戸納豆」ブランドの強さを知るようになりました。そこで考えたのが水戸納豆の本場である茨城県に工場を建て、首都圏攻勢の拠点とすることでした。あえて相手の陣地に乗り込み、茨城の一工場として製造・出荷するという「同化作戦」でした。

工場建設の陣頭指揮を執るため、最初は茨城に単身赴任。途中から父清助《せいすけ》、家内の恵美を伴い、移り住みました。率先垂範が私のモットーで、最新鋭の茨城工場建設は、会社にとって一大事業だったからです。家族には慣れない土地で随分苦労をかけました。

建設用地選びは水戸納豆の本場だけに反発が強く、難航しましたが、どうにか牛久市《うしくし》の郊外に決まりました。牛久市は茨城県中央部に位置する県庁所在地の水戸市から東京方向へ車で2時間ほどの所にあり、人口が現在8万人ほどの都市です。

思わぬ難題が持ち上がりました。工場用地として開発するには国の許可が必要で、手続きの窓口である茨城県庁から「書類が不備で受け付けられない」と門前払いされたのです。何らかの圧力がかかっているような気もしましたが、とにかく書類審査のパスを目指しました。軽トラックがいっぱいになるくらい書類を作った覚えがあります。

国の許可は当初見込みより1年遅れ、その結果、茨城工場の稼働開始も平成8（1996）年6月と1年ずれ込みました。

これは大きな誤算でした。茨城工場の完成を見込み、営業を展開し、大量に受注していました。茨城工場は試験操業を始めたとはいえ、受注量に対応できる本格操業の時期は見通せません。茨城工場の受注分をカバーしようと、仙南村（現美郷町）の本

茨城工場の地鎮祭に臨む（左）。右から2人目が父清助＝平成6年、茨城県牛久市

社・工場に無理が生じていました。納豆が糸を引かないという問題が発生したのです。実は社の命運を左右しかねない重大な事態が起きていました。

会社危機、何とか回避

なぜ納豆が糸を引かないのか。最初は原因が分かりませんでした。しばらくして仙南村（現美郷町）の本社・工場の製造ラインに大変な事態が起きていることが判明しました。「納豆菌ファージ」といって納豆菌がウイルスに感染していたのです。

〈ファージというウイルスは納豆菌に吸着すると、溶菌作用を起こし、菌を死滅させる。また、納豆の粘り成分を分解する酵素も出すため糸が引かなくなる〉

原因は判明しましたが、創業以来40年以上たつ「株式会社ヤマダフーズ」にとって初めての危機で、どう対処すればいいのかも見当がつきませんでした。

工場内の製造ラインを全て止め、アルコール類や塩素系など考えられる対策を試していきました。私自身、茨城と秋田の間を何度往復したことか。ファージ問題の解決はもちろんですが、茨城工場の早期本格操業も大事だったからです。

天はわれを見捨てず、ということが本当にあるんだとしみじみ感じました。試行錯誤の末、ファージ撃退法をとうとう見つけたのです。その方法は今でも、私を含め社内のごく一部の人しか知りません。よく考えついたと思います。もし発見できなければ、わが社は恐らく傾いていたでしょう。

茨城工場は平成8（1996）年6月に完成、本社・工場でファージ問題が起きた時は試験操業中でした。新しいプラント（大型生産設備）は最初からスムーズには動かないものです。茨城工場も初めは稼働率が40％から50％でした。製造しながら調整して、徐々に稼働率を上げていきました。フル稼働の現在、40グラム入りの納豆に換算して日に56万個製造しています。

最新設備が並ぶ茨城工場。効率化や合理化を徹底追求

美郷町の本社・工場は第8期工事まで行い、たこ足のようになっています。茨城工場はその反省に立ち、製造工程を全長166メートルの水平なストレートラインにしました。現行1本のラインを2本に増やす計画です。

父の死、痛恨の極み

茨城工場が試験操業中の平成8（1996）年のことでした。茨城で同居していた父清助《せいすけ》が「秋田へ帰りたい」と繰り返し言うようになりました。茨城工場は社の命運を懸けた事業であり、操業開始も1年ほどずれ込んでいました。1日も早く軌道に乗せるため、仕事に忙殺され、帰郷の機会はなかなかつくれませんでした。

そんなある日、父が全くご飯を食べなくなりました。体の具合が悪く、食事ができないのではありません。ハンガーストライキでした。帰郷を訴えるため実力行使に出たようでした。

仕事が終わってから、父を自家用車の助手席に乗せ、私が夜通し運転して、秋田へ向かいました。父は背中をしゃんと伸ばし、居眠りすることもなく、前をじっと見据えて座っていました。秋田に入り「横手だよ」と声を掛けると、にこっと笑ったのを今でも覚えています。

仙南村（現美郷町）の実家で1週間ほど滞在。ただ、茨城工場の本格操業に向けた準備は、どうしても私が陣頭指揮を執る必要があり、また父を車に乗せて茨城に戻りました。こんな往復を3回ほどしたでしょうか。

認知症ではありませんでしたが、茨城は慣れない土地だからでしょう。散歩に出ると、道に迷うことがしばしばありました。警察から連絡があり、引き取りに行ったことも一度や二度ではありません。

父には俺の死に場所は生まれ育った秋田だという思いがありました。でもそれはかなえられませんでした。平成11年3月6日午前0時10分、茨

在りし日の父清助と母トシ子

城工場のある牛久《うしく》市の総合病院で息を引き取りました。86歳でした。

3週間後の25日、横手市で「株式会社ヤマダフーズ」の社葬を執り行いました。千人もの参列者がありました。私の胸には茨城工場竣工《しゅんこう》式の前日、工場を案内した時に漏らした父の一言が去来していました—「おまえ、よくやったなあ」。最初で最後の褒め言葉でした。

空飛ぶ納豆が話題に

関西人は納豆をあまり食べないと言われます。でも私は内々、そんなことはない、売り込むチャンスはあると踏んでいました。それを形にしたのが大阪営業所の開設です。平成12（2000）年4月のことでした。

これには伏線があります。大阪営業所を開設する19年前の昭和56（1981）年、名古屋市に本社のある漬物メーカー「丸越《まるこし》」の社長が訪ねてきて、ひき割りの「おはよう納豆」を中部圏で売らせてもらえないかと言ってきたのです。丸越は漬物業界では老舗かつ大手で、中部圏に販路を広げていました。

「おはよう納豆」は51年に東京営業所、54年には仙台営業所を設けていました。丸越社長の申し出は中部さらに関西方面へ進出する足掛かりとなります。56年といえば、雄和町（現秋田市雄和）に新しい秋田空港ができた年です。当初は羽田経由で名古屋へ、名古屋線が就航した57年からは直接空輸、その後は仙台―名古屋便を利用しました。

「空飛ぶ納豆」と銘打った空路輸送は当時、マスコミでも話題になりました。

丸越は大阪府の京都寄りにある枚方《ひらかた》市に営業所を新設、中部圏に続き、関西圏でも漬物や納豆の販路拡大を図りました。うちは49年に東京に本社のある「イトーヨーカ堂」に納豆の納入を始めており、ヨーカ堂の関西圏の店でも「おはよう納豆」を扱うようになっていました。

関西出身の学生が東京で納豆好きになり、関西に戻ってからもよく買い求めるようになったといった話も、ちょくちょく聞こえてくるようになりました。

大阪営業所が入るビルの前で8歳下の山田清勝専務（左）と＝平成20年

こんな下地があって大阪営業所開設に踏み切りました。進出当初は、糸引きが弱くてにおいも抑えた関西向け商品を「サラダ納豆」と称して開発、販売したこともあります。しかし現在は、関西でも納豆を食べる習慣がかなり一般化したと思います。店舗に並ぶ納豆の商品ラインアップは、もう関東とほとんど変わりありませんから。

不発だった「つぶわり」

納豆の原料である大豆は葉が2枚の双葉植物で、水に漬けておいて皮をむくと、二つに割れます。この性質を利用して従来はなかった納豆を開発しました。「つぶわり納豆」です。「粒でもな〜い、ひき割りでもな〜い、つぶわり納豆。新発売」というテレビCMを覚えている方もいるのではないでしょうか。

納豆製品には長い歴史の中で、「粒」か「ひき割り」しかありませんでした。粒には大中小あり、ひき割りは通常、中粒《ちゅうつぶ》を四つに割ります。刻み納豆といって八つに割るのもありますが、粒を半分にした納豆は初めてでした。平成12（2000）年12月、社長の私が直々に開発、売り出しました。

大豆の皮をむく機械を開発できないかと、宮城県気仙沼市で甘エビの皮をむく機械を製造している水産加工機械メーカーを訪ねました。甘エビ機械を改良すれば、どうにか開発できそうでした。特注の大豆皮むき機は1台6千万円、仙南村（現美郷町）の本社・工場と茨城工場に1台ずつ、計1億2千万円の大規模投資でした。

画期的な商品であり、売れると信じて疑いませんでした。成功するまで頑張れば、失敗は失敗でなくなるとも思っていました。ところがどうも売り上げが伸びません。3年ほど製造・販売したところで、やむなく打ち切りました。

「どろりとした食感」「二つ割りは大きさが中途半端」という感想が聞こえてきていました。つぶわり納豆は中粒の大豆を比較的長い時間水に漬けていました。水に漬ける「浸《しん》漬《せき》」の時間をもっと短くして水分の率を下げれば、どろりとした食感がなくなり、中粒を小粒に変えれば、大きさの中途半端さも改善できたはずです。

大豆が二つに割れる性質を利用してつくり出したつぶわり納豆のラベル

この改良点は随分後になって気が付きました。どうして販売当時には思い付かなかったのか。今でも悔しさが残っています。1億2千万円もかけた特注の機械は、泣く泣く廃棄処分しました。

商品開発に常に挑戦

次々と新しい製品を開発、販売してきました。「ファミリー納豆」のように発売以来、30年以上にわたって消費者の支持を得ているロングセラー商品もありますが、消費者の動向を見極めながら、常に新商品を出し続けていかないと、会社の発展は見込めないからです。

ヒット商品がある一方、売り上げが伸びず、消えていく製品もあります。思い出深いのは昭和53（1978）年に出した「ヨーグルナッツ」という乳酸菌入りの納豆です。一定の割合で混ぜると共存できる納豆菌と乳酸菌を発見し、製品化しました。納豆は体によく、乳酸菌はおなかにいいので「一石二鳥」と考えたのです。ところが売り上げはいまひとつぱっとしませんでした。

60年代には、血栓を溶かす効果があるとされる「ナットウキナーゼ」という酵素の力が通常の2倍ある商品を開発しました。「納豆革命」とか「きくばり小粒」などと名付けました。

ナットウキナーゼに関する調査・研究によると、酵素が体内で効いてくるのは納豆を食べてから7時間ほど後。夜に食べると、脳梗塞や心筋梗塞などで倒れることの多い朝方に効くことになり、効果的です。そこで「夕食へのススメ」といった商品を開発し、納豆を夕食時に食べることを提案、消費者にアピールしました。でも納豆は朝食用という習慣が根強く、それを変えるには至りませんでした。

ヨーグルナッツもナットウキナーゼ納豆も市場に投入する時期が早かった気がしています。健康志向が当時よりぐっと高まった今なら、販売方法をアレンジし直せば、売れるのではないかと思っています。

納豆の包装・出荷。時代に即した商品でないとヒットしない

早くても駄目ですが、遅くても駄目です。その時代時代のマーケット環境にフィットした商品をタイミングよく開発しないとヒットしません。納豆製造に携わって59年余。ヒット商品開発の難しさを十分知りつつ、それに挑み続けてきた半生です。

五輪食になった納豆

自信作の一つに「アイスティック納豆」があります。納豆を細長い袋に入れ、冷凍しています。長期保存が可能で、室温で程なく解けます。味付きなので、絞り出してご飯にかけてもいいし、袋から直接食べることもできます。15グラム、30グラム、50グラム入りがあります。

平成23（２０１１）年、東日本大震災の発生直後、岩手県庁から連絡がありました。被害を受けた太平洋側と違い、秋田県の工場は稼働しているそうで、納豆を融通してもらえないかということでした。30グラム入りスティック納豆を3万本、避難所用に送りました。災害時の非常食として、今後も需要が見込めると思っています。

その7年前の16年には、アテネ五輪の柔道日本代表選手団に15グラム入りを持って行ってもらいました。国内で別々に強化合宿中だった男女チームに２４０本ずつ提供したところ、大変好評でした。アテネでの五輪本番でもぜひ食べたいという選手たちの要望を受け、４８０本納入。選手団はほかの荷物と一緒に冷凍状態でアテネまで輸送したと聞いています。

五輪選手の食事についてはよく知りませんが、日本人選手の多くは日本食を欲しがるようです。納豆はその典型例なのでしょう。消化吸収がよく、栄養も十分です。しかもスティック納豆は保存・輸送しやすく、簡単に食べることができます。

柔道選手団が金8個、銀2個の計10個のメダルを獲得した時はうれしかったですね。提供した側とすれば「納豆の粘りがメダルにつながった」とつい思いたくなります。

五輪終了後の9月には、男子60キロ級で3連覇を達成した野村忠宏選手や女子48キロ級で連覇を果たし

アテネ五輪柔道選手団から贈られた皿（直径約30センチ）

た谷亮子選手ら14選手と監督、コーチのサインが入った皿をお礼として頂きました。

大震災の非常食や五輪選手団の食事にとどまらず、今後とも社会に役立つ納豆活用法を考えていきたいと思っています。

飲食業の難しさ実感

「株式会社ヤマダフーズ」の創業50周年を記念して平成16（2004）年10月、平鹿町（現横手市）に豆乳や業務用納豆、豆腐の製造工場にレストランを併設した「遊心庵《ゆうしんあん》」をオープンさせました。以前から考えていた「脱納豆」の一環です。納豆以外の製品を増やし、会社の基盤を強固にするためでした。

豆乳に目を付けたのは当時、健康志向を背景に首都圏さらにアメリカでは「ｓｏｙ ｍｉｌｋ（豆乳）」としてブームになっていたからです。特にアメリカでは、動物性タンパク質の牛乳と比べ、植物性タンパク質の豆乳の方がヘルシーだとして根強いファンが数多くいました。

ところが流行とは分からないものです。日本での豆乳ブームは遊心庵を建てて3年ぐらいで終わり、思ったほど売れなくなりました。思案した揚げ句、豆腐製造に重点を移すことにしました。豆腐用の自動製造プラント（設備）を新設。クリーンルーム化しました。豆腐も他社商品と差別化を図りました。容器に入れて固めてから、完全密閉の状態でボイル殺菌します。これにより冷蔵で通常3日程度の日持ちを15日まで延ばすことができました。大きさも普通の1丁（約400グラム）に対し、150グラム入りの3個パックを主体にするなど、食べやすさを前面に押し出しています。今ではうちが県内で最も多く豆腐を製造しています。

レストランは20年末をもって「休業」せざるを得ませんでした。メインメニューの「豆腐会席」は3千～5千円と高過ぎました。平鹿町という立地も集客には向いていませんでした。赤字が続く月もありました。納豆製造ではプロでしたが、飲食業では「ずぶの素人」でした。

横手市平鹿町にある「遊心庵」。豆腐や豆乳を製造

それからちょうど10年。もう一度、挑戦してみたいと思っています。「休業」であって「閉店」したわけではありませんから。設備も当時のまま残っています。人気の出そうなメニューを現在、考案中です。

コンビニシェアNo．1

「株式会社ヤマダフーズ」は一般消費者向けのほかに、業務用納豆もつくっています。売り上げに占める割合も一般6割に対し業務用4割と、業務用の比率が業界一高くなっています。特にコンビニ納入は業界シェアがナンバーワンです。

話は仙台営業所を開設した昭和50年代にさかのぼります。仙台では水産会社を通じてすし店に納豆巻き用のひき割り納豆を卸していました。納豆をすし飯の上に均一に押し出せるように、円すい状に包装した絞り出し納豆を考案しました。それまで納豆はスプーンで盛っていたらしく、絞り出し納豆は大変好評でした。納豆に味付けし、手間を省いたことも売り上げ増につながりました。仙台の水産市場に続き、東京の築地市場でも販路を広げました。

コンビニ納入が最初に実現したのは「セブン―イレブン」です。昭和49（1974）年以降、関連会社の「イトーヨーカ堂」に一般向け「おはよう納豆」を卸していました。

それを縁にセールスし、セブン―イレブンに納豆巻きを供給している食品会社へ、絞り出し納豆を納入することに成功しました。平成7（1995）年ごろのことです。

絞り出し納豆の評判がよかっただけではありません。うちのひき割り納豆を使った納豆巻きがよく売れるようになりました。昭和29年の創業時からひき割り納豆をつくり、ヨーカ堂などを通して首都圏にひき割りを広めたのはわが社です。長年の努力に対し、消費者が支持してくれたものと思っています。

平成10年ごろには「納豆そば」のヒットをきっかけに「ローソン」に、その後も「サークルK」「サンクス」（現「ファミリーマート」）などへと納入を拡大してい

絞り出し
1｜三角袋タイプ
全国のスーパーマーケットやコンビニエンスストア、回転寿司チェーンなどで広く利用されている製品です。特に需要の高いひきわり納豆は、ひきわりの本場の技術と業務用加工で積み重ねてきたノウハウを凝縮。各方面より高い評価をいただいています。
2｜小袋タイプ
納豆を少量パックした小袋タイプは、食べきりのコンパクトなサイズ。麺類や惣菜弁当への添付をはじめ、幅広いシーンで利用されています。
3｜カップタイプ
個食に最適なカップ納豆は、全国の宿泊施設や給食などで利用されています。近年では、海外にも冷凍して輸出しています。
4｜棒芯納豆
納豆巻用の納豆を、絞り出した形のまま冷凍。効率良く納豆巻を作ることができる利便性の高い製品です。

業務用納豆のラインアップ

きました。

コンビニで販売している納豆巻きの多くには「おはよう納豆」のひき割りが使われています。納豆とご飯を組み合わせた新製品をヒットさせるのが今後の課題です。

新たな時代への決断

トップダウン式を変更

「株式会社ヤマダフーズ」は前身の「羽後食品工業株式会社」の時代から、トップダウン式で経営してきました。商品開発から原材料の仕入れ、製造、販売、労務管理、経理・財務までほぼ私が指揮を執ってきました。

従業員が200～300人の中小企業で、リーダーが優れていれば、トップダウン式はうってつけだと考えています。素早く意思決定でき、組織として小回りが利くからです。もし思わしい結果が出なければ、トップの判断ですぐ方向を転換、痛手を最小限に抑えられます。

ただし、これも従業員が400人、500人と増えてくれば話は違ってきます。トップ1人で目配りし、切り盛りできる規模を超えるからです。しかも消費者の志向をはじめ、世の中の移ろいがどんどんスピードアップする中、1人のリーダーがいつまでも時代に即した的確な判断を下せるとは限りません。

平成20（２００８）年ごろ以降、トップダウン式から、役員はもちろん幹部や一般従業員を含む「組織による合議制」への移行を図りました。この年の従業員は４７６人、翌21年には５１０人と初めて５００人台に突入しました。私自身、古希（70歳）が近づき、時代を見る目に限界を感じてきていました。トップダウン式はリーダーの賢明な判断があってこそ効果的です。その判断力に若干でも疑問が生じるようなら、組織による意思決定や運営に切り替えるべきだと考えたのです。

25年、私が72歳の時、長男で36歳だった伸祐《しんすけ》に社長を譲り、会長に退きました。

納豆のようなモノづくりであれ、サービスの提供

ヤマダフーズの会長室前で＝美郷町の本社３階

であれ、マーケティングリサーチを綿密に行い、時代の動向を見据え、消費者志向にマッチしていかないと、モノもサービスも売れないし、支持されません。それを社長以下の組織でどう展開していくのか。今しばらく私は「目の上のたんこぶ」でしょうが、その私を超える日がやってくるのを楽しみにしています。

死の淵から無事生還

平成28（2016）年夏、死の淵をさまよっていました。6月、美郷町の自宅で墨のように真っ黒な液体を吐き、病院で検査を受けたら、がんと診断されたのです。それまで病気らしい病気をしたことなどありませんでした。

翌7月、仙台市の東北大病院に入院、手術を受けることになりました。執刀医の教授は「任せてください」と言ってくれましたが、病状はかなり進んでおり、心配や不安は尽きません。

何の偶然か、病気が見つかる前から、口述による人生記の制作に取り掛かっていました。手術3日前、二人三脚で「株式会社ヤマダフーズ」を育ててきた山田清勝専務と口述筆記者に病院まで来てもらい、人生記の原稿を手にこう告げました。「会えるのはこれが最後かもしれない。生きてきた証しとして人生記を仕上げてほしい」

12時間もかかる大手術でした。丸2日間、麻酔から覚めませんでした。痛みが引かず、鎮痛剤の投与が続いたためか、意味不明のうわ言を繰り返し言ったそうです。体重も10キロほど減りました。ずっと付き添ってくれた家内の恵美と2人の弟には感謝するばかりです。

幸いなことに転移はありませんでした。ただ、体力は落ちたままです。自宅で療養しながら、2カ月に1度、仙台の東北大病院に通いました。どうにか元の体調に戻ったのは、手術から1年もたってからでした。

会社のことが気掛かりでしたが、業績は上向いていました。長男で社長の伸祐《しんすけ》を中心に全従業員がうまく会社を切り盛りしてくれたことが、療養中の私にとって一番の薬になりました。

長男伸祐の留学先のアメリカを家内と訪問＝平成14年8月、ラスベガス

人生記のタイトルは「想念は実現する」、副タイトルは「思い込みに比例して事が成る」としました。Ａ５判、２６４ページ。思い返せば、掲げた目標に向かって、それが実現するまでひたすら走り続けてきた人生です。

アメリカに傷心の旅

車と山登りを趣味としています。学生時代を過ごした長野県は八ケ岳や穂高岳など有名な山が多く、自然と登山を覚えました。帰郷後すぐ二十歳で普通免許を取り、国産、外車と十数台の車を乗り継いできました。

忘れ難い1台があります。昭和54（1979）年に手に入れたアメリカ・フォード社の「リンカーン・コンチネンタル」です。40年近くたった今も普通に動きます。家のガレージに大切にしまってあります。

忘れられないのはある出来事が深く関わっているからです。購入7年前の47年、「おはよう納豆」の東京輸送を委託していた運送業者の二十歳すぎの若者が、途中の栃木県で事故死しました。私自身まだ31歳。東京で納豆を売ろうと考えたから、将来のある青年を死なせてしまったと自責の念に駆られました。

どうしても気持ちの整理がつかず、アメリカへ逃避行しました。大動脈だった国道の

「ルート66」に沿い、西海岸から東海岸へ大陸を横断。自動車産業で知られるデトロイトのフォード工場で初めて見たのがリンカーン・コンチネンタルだったのです。その大きさに驚きました。しかも部品を全て自社調達、オートメーション化して大型の車を次々と生み出していました。

アメリカの底力を見た思いがしました。「いつかはこういう車を乗り回す身分になってみたい」。そんな気持ちがむくむく湧き起こってきました。青年の事故死という傷心の旅に、一条の光が差す気がしました。

山登りは1人で1泊2日と決めています。一歩一歩踏みしめて登り、飯ごうでご飯を炊き、山小

愛車リンカーン・コンチネンタルと＝美郷町の自宅

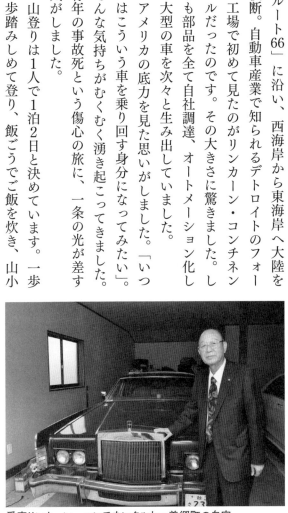

屋に泊まってきます。普段とは違う世界に身を置き、1人で考え事をします。経営者は孤独です。経営課題に右か左かの決断をしなければならないことが往々にしてあります。山登りは心身をリフレッシュするとともに、「株式会社ヤマダフーズ」の将来を沈思黙考する絶好の機会でした。

苦労の先にある成功

最近、金沢《かねざわ》中学校（現横手北中学校）を卒業してすぐ、東京へ集団就職していった同級生たちのことを思い返しています。横手駅で涙を流して両親らと別れを惜しんでいました。昭和31（1956）年3月、まだ肌寒い日のことでした。

卒業して10年ほどたったころ、同級会が開かれました。クラスの半数を占める集団就職組の中で、幸せそうに見える同級生はいませんでした。労働条件が上京前の話とは違い、転職を繰り返すケースが多かったようです。「金の卵」ともてはやされながら、実際は厳しい現実が待っていました。

私は幸い、横手高校、長野の八ケ岳経営伝習中央農場（現八ケ岳中央農業実践大学校）へと進むことができました。仙南村（現美郷町）に長男として継ぐべき農家があり、家業として納豆製造所も始めていました。生まれ育った環境の違いと言ってしまえばそれまでですが、何が人生行路を分けるのか、80歳が近づき、改めてその不可思議さを感じています。
昭和40年代後半、東京の営業回りで有り金を使い果たしてしまったことがあります。山田清勝専務と乗用車に乗り、無一文で秋田へ向かいました。山形県まで来た時、ダッシュボードに小銭が入っているのをたまたま見つけました。それで買ったパンをかじりながら、仙南の本社・工場に戻ってきました。

こんなエピソードを挙げたら切りがありません。今でこそ最新鋭の工場を備え、年商が89億円の「株式会社ヤマダフーズ」になりましたが、元をたどれば、苦労を積み重ねてきたからこそ、現在があるのです。

「経営学」は学ぶことができます。

ヤマダフーズ本社２階の受付前で

しかし「生きた経営」は学ぶことも教えることもできず、自分で体得するしかないというのが私の考えです。納豆業界日本一という高い目標の実現に向け、自分なりに工夫を加え、一日一日に全力を傾けなさいと、従業員らを叱咤《しった》激励している今日この頃です。

本書は秋田魁新報の連載記事「シリーズ時代を語る」（２０１８年8月16日～9月21日）を一冊にまとめたものです。一部加筆・修正しました。

（聞き手＝鈴木亨）

年譜

山田清繁とヤマダフーズの歩み

昭和15（1940）9	27日　父清助、母トシ子の長男として生まれる （本籍地・秋田県仙北郡美郷町金沢元東根124）
29（1954）9	清助が自宅で金沢納豆製造所を創業
35（1960）4	八ケ岳岳中央農業実践大学校を卒業し生家に戻る
43（1968）3	資本金300万円で法人化し羽後食品工業株式会社に 代表取締役社長＝山田清助、取締役専務＝山田清繁、 取締役常務＝山田幸男、配達・営業＝山田清勝
45（1970）	「おはよう納豆」を商標登録
46（1971）10	現在地（美郷町野荒町字街道の上279）に工場を新設移転
48（1973）	業務用納豆の製造開始
51（1976）	納豆せんべい開発

	9	東京営業所開設（東京都足立区鹿浜2の3の9）
	12	山田伸祐（長男）生まれる
52（1977）		永谷園用フリーズドライ納豆の製造開始
54（1979）	10	仙台営業所開設（仙台市宮城野区中野字神明115の8）
56（1981）	6	現秋田空港開設に伴い名古屋へ販促拡大
		農林水産省食品流通局長賞受賞。
57（1982）	5	秋田県納豆商工業協同組合理事長に就任
	6	羽後食品工業株式会社代表取締役社長に就任
		山田幸男、専務取締役に就任
61（1986）	6	株式会社ヤマダフーズに社名変更
	6	創業地にヤマダフーズ食品開発研究所を開設
63（1988）	1	全納連（現納豆連）理事に就任
	9	後三年の役900年祭、納豆発祥の碑建立
		山田清勝、常務取締役に就任

平成3（1991）	5	全納連PR部会長に就任（〜平成6年5月）
		同副会長に就任（〜平成9年5月、2期）
5（1993）	5	同PR部会委員長として第1回学術会議を開催
6（1994）	6	同研究部会委員長に就任（〜平成9年5月）
	6	「国際大豆食品フェア（世界大豆・発酵食品文化記念フォーラム、第3回アジア無塩発酵大豆会議、国際協力フォーラム）」を秋田市で開催。実行委員長として陣頭指揮を執る
8（1996）	6	茨城工場竣工（茨城県牛久市奥原町塙台1753）
	10	日本経済新聞社96年優秀先端事業所賞を受賞
12（2000）	4	大阪営業所開設（大阪府摂津市鳥飼中2の1の99）
14（2002）	9	山田清勝、専務取締役に就任
16（2004）	10	遊心庵工場竣工（秋田県横手市平鹿町浅舞字中東144）
		創業50周年記念式典を秋田ふるさと村で開催
17（2005）	1	仙台営業所を現在地に移設（仙台市若林区卸町東1の3の7）

18（2006）	4	山田伸祐、ヤマダフーズに入社
	10	大阪営業所を現在地に移設（大阪市淀川区東中島1の6の14　第二日大ビル）
	11	山田伸祐、常務取締役に就任
24（2012）	9	金澤八幡宮祭典協賛会会長に就任
25（2013）	5	秋田県ダリア会会長に就任
	9	代表取締役会長に就任、山田伸祐が代表取締役社長に
26（2014）	2	第19回全国納豆鑑評会で「ふっくら大粒ミニ2」が最優秀賞「農林水産大臣賞」を受賞
30（2018）	11	食品加工業振興功労により旭日双光章を受章
	11	取締役名誉会長に就任、山田清勝は相談役に

ヤマダフーズ
主な市販商品パッケージ

発売年		商品名	パッケージ（初代）
西暦	昭和・平成		
法人化前		三角納豆	
1968年	昭和43年	金澤納豆	
1968年	昭和43年	ロケット納豆	
1971年	昭和46年	ミニ納豆 ひきわり	
1978年	昭和53年	ヨーグルナッツ 粒	
1978年	昭和53年	ヨーグルナッツ ひきわり	

1980年	昭和55年	ミニ納豆粒	
1980年	昭和55年	ミニ納豆 ひきわり	
1987年	昭和62年	ファミリー納豆 こつぶカップ4	
1987年	昭和62年	ファミリー納豆 ひきわりカップ4	
1993年	平成 5 年	ふっくら大粒 ミニ2（現行）	
1996年	平成 8 年	水戸の朝一番	
1998年	平成10年	キムチ納豆	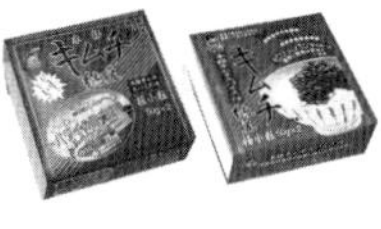

1999年	平成11年	納豆大好き	
2000年	平成12年	つぶわり納豆	
2002年	平成14年	超細か〜い きざみ納豆 （現行）	
2007年	平成19年	ときめくお豆ふ	
2008年	平成20年	スティック納豆 『男のキムチ 納豆』	
2010年	平成22年	ＮＳ乳酸菌 飲料	

あとがきにかえて

「納豆は地球を救う」

「想念は実現する」を信条としてきました。理想を高く掲げ、努力すれば、実現できるという意味で、家内工業の納豆製造所を全国ブランドの「おはよう納豆」に育て上げることができたのも、この考えのおかげです。

私の願いは企業の成長にとどまりません。納豆菌が作るナットウキナーゼは脳梗塞や心筋梗塞などの血栓症に予防効果があり、ビタミンK2は骨粗しょう症の予防に役立つとされています。全国、さらには世界の人々の健康の維持と増進に役立ちたいという使命感を持って、納豆製造に取り組んできました。

その使命感の代表例が、平成6年の「国際大豆フェア」(秋田市)で採択された「納豆は地球を救う」というスローガンです。当時の予想通り、21世紀を迎え、人口増と食料難は問題化したままです。大豆を餌に家畜を育て、肉、卵、乳といった動物性たんぱく質として摂取するより、バイオテクノロジーを駆使して大豆そのものを加工、納豆のような植物性タンパク質として食物連鎖の低い段階で摂取した方が効率が良く、地球環境への負荷も少なくなります。

納豆の仲間である無塩発酵大豆食品は、東南アジアからアフリカにかけて広く食べられています。日本の生んだ伝統食品で栄養価の高い納豆を今後とも世界に普及させようと、決意を新たにしているところです。

この冊子は、秋田魁新報に平成30年8月16日から9月21日まで36回にわたって掲載された「時代を語る」をもとにしています。担当の鈴木亨編集委員の質問に答える形で、その時代時代の背景を思い出しながら語った事柄に、若干の修正や加筆をしてまとめました。

取材の打診を受けたとき、正直、迷いました。しかし秋田の片田舎にいても全国ブランドの会社をつくり上げることはできる、その参考になるならとお受けしました。秋田のメーカーが全国へ、そして世界へ飛躍していくことを切に願っております。

平成31年1月

山田清繁

一を以って之を貫く
——「おはよう納豆」に懸けた人生

定　　価　本体800円＋税
発 行 日　2019年2月5日
編集・発行　秋田魁新報社
〒010-8601　秋田市山王臨海町1－1
Tel. 018(888)1859
Fax. 018(863)5353
印刷・製本　秋田活版印刷株式会社

乱丁、落丁はお取り替えします。
ISBN978-4-87020-407-2　c0223 ¥800E